Género Texto expositivo

I0800053

Pregunta esencial

¿Cuál ha sido la función del dinero a través de los años?

La empresa de bicicletas

Yvonne Morrin

Capítulo 1

Para empezar

En la antigüedad las personas no usaban dinero. Ellos mismos hacían las cosas que necesitaban y cultivaban sus propios alimentos. Si necesitaban algo más, intercambiaban con otras personas.

Con el paso del tiempo, la gente comenzó a intercambiar caracolas o piedras por cosas que deseaba tener. Esta fue la primera moneda.

Hoy en día, usamos dinero para comprar las cosas que necesitamos o deseamos.

Entonces, ¿cómo ganan dinero las personas? Algunas personas trabajan para otra persona o para una empresa. Por su trabajo reciben un **salario**. Otras personas trabajan para ellas mismas. Fabrican y venden productos u ofrecen un **servicio**.

El dinero pasa de una persona a otra. Hay un refrán que dice: "El dinero hace girar el mundo". Esto significa que nuestra sociedad global usa el dinero para seguir funcionando.

Estas personas trabajan en una oficina por un salario.

La idea de Héctor

Una manera de hacer dinero es fabricando productos para vender. Héctor es un empresario que desea hacer y vender bicicletas. Primero necesita averiguar qué tipos de bicicletas compran las personas; antes de empezar su negocio, decide hacer una investigación de mercado.

Héctor investiga un poco y descubre que algunas personas desean una bicicleta que se vea bien, pero otras desean una bicicleta que funcione bien. Algunos desean una bicicleta barata, mientras otros pagarán más dinero por una bicicleta bien hecha.

Héctor también se fija en la **competencia**. Va a las tiendas de bicicletas para ver qué mercancía se vende bien en el mercado.

Las personas montan en bicicletas de turismo, de carreras y BMX.

Ninguna tienda vende bicicletas que estén hechas con materiales que sean buenos para el medioambiente. Quizás Héctor podría fabricar una bicicleta con materiales naturales, renovables.

Héctor decide que una bici con un marco de bambú puede tener éxito. Un marco de bambú es fuerte y dura mucho tiempo. Héctor comienza a diseñar la bici.

AHORA COMPRUEBA

¿Cómo averigua Héctor qué tipo de bicicleta fabricar?

Andar en bicicleta

Hay alrededor de mil millones de bicicletas en el planeta. Se fabrican más de 100 millones de bicicletas nuevas al año.

Muchas ciudades tienen programas de bicicletas públicas que las personas pueden usar para hacer viajes cortos dentro de la ciudad.

Capítulo 2

Armar la idea

Héctor hace un **prototipo** de su bicicleta. Un prototipo es un modelo de la bicicleta que venderá. Así Héctor puede ver cómo funciona y cómo hacer la bicicleta. Además puede averiguar cuánto costará fabricarla.

Héctor decide que solo fabricará los marcos y los engranajes. Costaría demasiado dinero fabricar todas las partes de la bicicleta. Héctor comprará partes como ruedas, neumáticos, cadenas, sillines y frenos.

Héctor escribe una lista de las cosas que necesitará. ¡Tendrá muchos **gastos**!

El marco mantiene la bicicleta en una pieza.

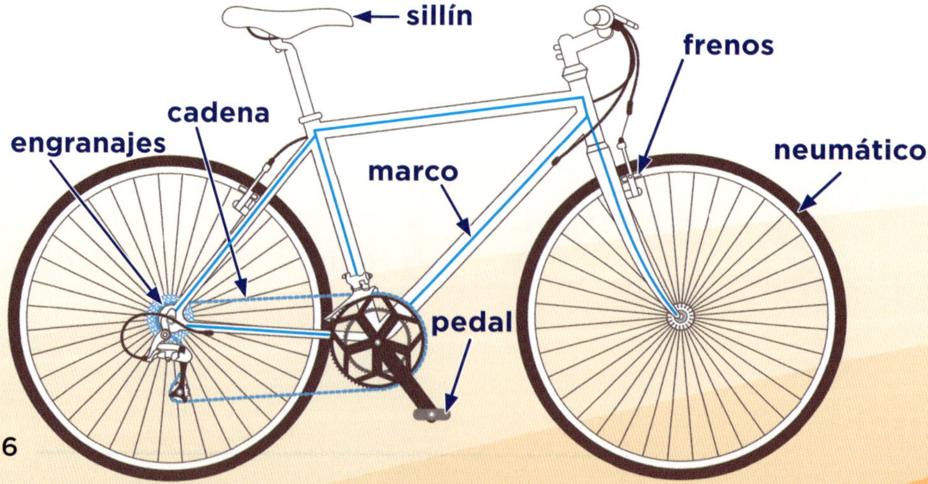

Héctor necesita inversionistas

Hay un refrán que dice: "Dinero llama a dinero". Héctor no tiene dinero suficiente para instalar una fábrica, así que busca personas que inviertan en su empresa o que le presten dinero para su negocio. De esa forma tendrá dinero suficiente para comenzar una fábrica y hacer las bicicletas. Las personas que inviertan en las bicicletas de Héctor recibirán una parte del dinero que gane.

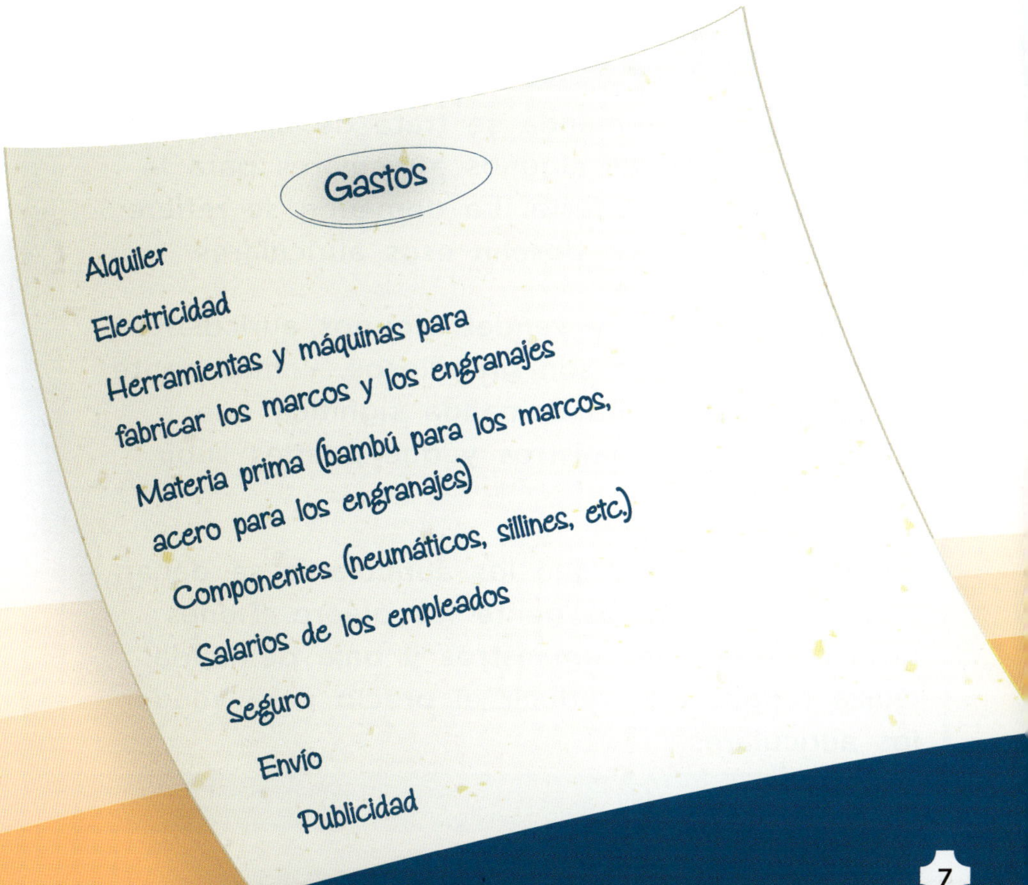

¿Cuántas bicicletas?

Finalmente, la fábrica de Héctor está lista para comenzar a fabricar bicicletas. ¿Cuántas bicicletas debería producir? Héctor conoce la ley de la oferta y la demanda. Debe producir suficientes bicicletas para sus clientes, pero si son muy costosas, no las comprarán. Héctor no vendería suficientes bicicletas para obtener ganancias.

Una ganancia es el dinero que queda después de que se han pagado los gastos. Héctor necesita obtener ganancias para devolver el dinero a sus inversionistas y obtener algo para él mismo.

Oferta y demanda

La oferta y la demanda se trata de fijar precios. Imagina que tienes algunos auriculares para la venta: esta es la oferta. La demanda se refiere a cuántas personas desean esos auriculares.

Tú fijas un precio y vendes algunos auriculares. La gente dice que son grandiosos, y más gente los quiere. Esta alta demanda significa que necesitas más suministros y que puedes subir el precio.

La gente descubre que los auriculares se dañan con facilidad. Menos gente los quiere. Tienes gran cantidad de suministros y baja demanda. Quizá tengas que reducir el precio para vender los auriculares.

Héctor debe averiguar cuántas bicicletas necesita vender para obtener ganancias. Encuentra algo de información sobre las ventas de otra empresa de bicicletas y hace una gráfica con esta información.

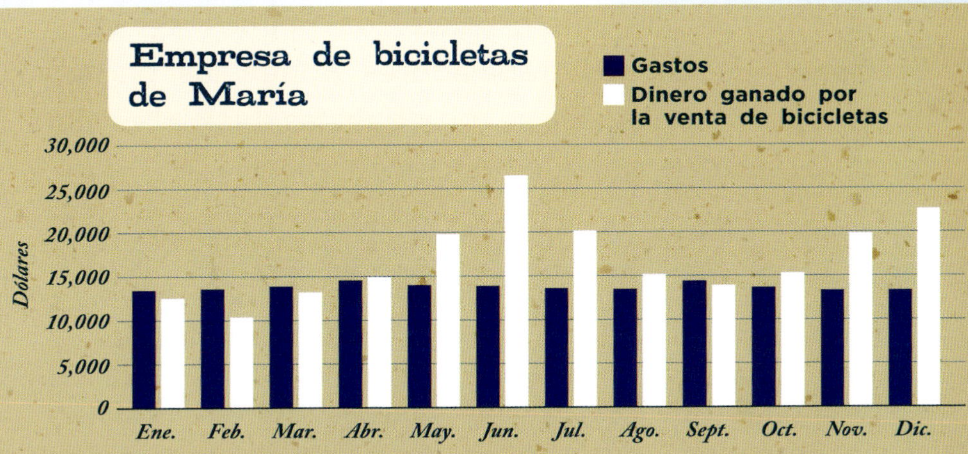

La empresa de María ganó más en verano y durante la temporada de vacaciones (noviembre y diciembre). En enero, febrero, marzo y septiembre, la empresa gastó más dinero del que ganó.

La gráfica le muestra a Héctor que más personas compran bicicletas en el verano y durante las vacaciones. Así la empresa puede obtener ganancias durante estos períodos.

En otras temporadas, Héctor venderá menos bicicletas. No habrá ganancias, pero sí gastos. Héctor debe ahorrar dinero durante los buenos tiempos para cubrir los gastos de los tiempos difíciles. Recuerda el refrán: "El dinero no crece en los árboles".

AHORA COMPRUEBA

¿Cómo sabe Héctor que tendrá muchos gastos?

Capítulo 3

Entrar al mercado

La empresa de Héctor hace los marcos de las bicicletas. Luego, los trabajadores ponen las partes en el marco. Después, se prueban las bicicletas para tener la certeza de que funcionan bien.

Héctor piensa en cómo vender sus bicicletas. Podría abrir su propia tienda, sin embargo, sería costoso administrarla. Esto afectaría su ganancia.

Podría vender sus bicicletas por internet. Pero si las personas compran en línea, no pueden probar la bicicleta.

Es una buena idea probar una bicicleta nueva antes de comprarla.

Las tiendas tienen ofertas para que las personas puedan comprar más bicicletas.

Héctor decide vender sus bicicletas a otras tiendas, a un precio más bajo que el precio al que venden esas tiendas. Las tiendas venderán las bicicletas a un precio más alto. Esto significa que podrán cubrir sus costos y obtendrán ganancias. Aunque Héctor venda a un precio más barato que las tiendas y gane menos dinero, venderá más bicis.

Las tiendas pueden tener ofertas. Algunos compradores siempre buscan ofertas. Creen en el refrán que dice: “Centavo ahorrado, centavo ganado”.

Detective del lenguaje — **Las palabras subrayadas son adverbios comparativos. Busca otro en esta página.**

Publicidad

Las tiendas venden muchas bicicletas diferentes. Héctor tiene que persuadir a las personas de comprar las suyas, así que decide invertir dinero en anuncios publicitarios. En las tiendas se exhiben afiches que promocionan sus bicicletas.

Los anuncios de bicicletas han existido desde hace mucho tiempo.

Algunos anuncios sugieren que comprar un producto te hará más popular. Otros sugieren que te hará tan atractivo como esa celebridad, que también lo compró. Pero esto con frecuencia no es cierto. También hay un refrán al respecto: "No todo lo que brilla es oro".

Detective del lenguaje

Las palabras subrayadas son adverbios comparativos. ¿A qué o a quién comparan?

Héctor piensa en pagarle a una celebridad para que diga que le gustan sus bicicletas. Esto puede persuadir a la gente de comprar su bicicleta. Sin embargo, piensa en el aspecto económico, o en cuánto costará esto y decide que sería costoso.

Héctor decide **patrocinar** un evento deportivo. Da algo de dinero a los organizadores del evento. Ellos usan el logo de la empresa de Héctor en la información del evento. Esto le hace publicidad a sus bicicletas entre las personas que van al evento.

Bicicletas innovadoras

La mayoría de bicicletas tienen el mismo diseño básico. Algunos empresarios han hecho diferentes tipos de bicicletas. Algunas son plegables y fáciles de llevar. Otras están hechas de materiales como madera laminada.

Las bicicletas de Héctor se venden bien. Héctor puede pagar sus gastos y puede darles dinero a sus inversionistas. También puede guardar algo para él.

Eva, la hija de Héctor, ha aprendido sobre economía. Eva quiere comprar un balón de fútbol y Héctor está de acuerdo en pagarle por hacer algunas tareas extra. Eva gana lo suficiente para comprar el balón.

Héctor y Eva juegan fútbol juntos. Él piensa en su refrán favorito: "Las mejores cosas en la vida son gratis". ¡No cuesta nada pasar tiempo con los amigos y la familia, además es muy valioso hacerlo!

AHORA COMPRUEBA

¿De qué maneras decide Héctor vender sus bicicletas?

Antes de gastar dinero, debes ganarlo.

Respuesta a la lectura

Resumir

Usa detalles importantes de *La empresa de bicicletas* para resumir la selección. Usa el organizador gráfico como ayuda.

Idea principal
Detalle
Detalle
Detalle

Evidencia en el texto

1. ¿Cómo sabes que *La empresa de bicicletas* es un texto expositivo? **GÉNERO**

2. ¿Cuál es la idea principal de la sección "Publicidad" en las páginas 12 y 13? ¿Qué detalles clave la apoyan? **IDEA PRINCIPAL Y DETALLES CLAVE**

3. ¿Qué significa el refrán "El dinero no crece en los árboles" en la página 9? **PROVERBIOS Y REFRANES**

4. Escribe sobre la idea principal de la sección "La idea de Héctor". Asegúrate de incluir detalles del texto. **ESCRIBIR SOBRE LA LECTURA**

Género Cuento folclórico

Compara los textos

Lee sobre un rey que aprendió que el dinero no puede comprar la felicidad.

La camisa de la felicidad

Hace mucho tiempo, había un rey rico en México que podía comprar todo lo que deseara, pero no era feliz.

—¡Soy miserable! —dijo el rey una noche—. ¿Alguien podría ayudarme?

Un sirviente comenzó a contar un chiste mientras otro comenzó a hacer malabares, pero nada hizo feliz al rey.

Entonces un sirviente dijo: —Yo sé cómo hacerlo feliz. Debe usar por un día la camisa de un hombre realmente feliz.

—¡Excelente! —dijo el rey y le ordenó al sirviente que le diera su camisa.

—Pero yo no soy realmente feliz —dijo el sirviente—. Mi perro ha huido.

El rey les pidió a todos sus sirvientes de palacio que le dieran sus camisas, pero ninguno era feliz. Así que le dijo al capitán del ejército que sus soldados debían traerle al hombre más feliz del reino.

Los soldados buscaron y buscaron hasta que finalmente vieron a un pobre granjero, que estaba silbando mientras excavaba. El capitán le preguntó al granjero si era feliz.

—¡Sí que lo soy! —dijo el hombre.

El capitán llevó al granjero a conocer al rey.

El rey quedó sorprendido cuando vio al pobre granjero.

—Te daré mucho dinero por tu camisa. Pero, ¿dónde está tu camisa? —le preguntó.

El hombre dijo:

—Tengo mis herramientas y algunos pantalones bien hechos. ¡No tengo una camisa!

—¿Cómo puedes ser feliz si tienes tan poco? —preguntó el rey.

—Tengo todo lo que necesito —dijo el hombre.

El rey aprendió que la felicidad no viene de lo que se tiene, sino de cómo se mire la vida.

Haz conexiones

¿Cómo muestra *La camisa de la felicidad* el papel del dinero para encontrar la felicidad?
PREGUNTA ESENCIAL

Compara la forma en que Héctor usó el dinero en *La empresa de bicicletas* con la forma en que el rey lo usó en *La camisa de la felicidad.*
EL TEXTO Y OTROS TEXTOS

Glosario

competencia compañía o negocio que ofrece productos o servicios similares para la venta ***(página 4)***

gasto costo ***(página 6)***

patrocinar dar dinero para ayudar a realizar un evento ***(página 13)***

prototipo modelo que se hace para probar un nuevo diseño ***(página 6)***

salario dinero que se paga por un trabajo hecho ***(página 3)***

servicio trabajo realizado para otras personas ***(página 2)***

Índice

Enfoque:

Estudios Sociales

Propósito Explorar los aspectos económicos de un negocio

Procedimiento

Paso 1 Trabaja con un compañero o una compañera para comenzar un pequeño negocio ficticio. Haz una lista de productos que podrías vender. Escoge una de tus ideas.

Paso 2 Investiga qué necesitarás para hacer tu producto. Averigua cuánto costará.

Paso 3 Basándote en tus costos determina un precio para tu producto.

Paso 4 Diseña un aviso publicitario para tu producto. Asegúrate de dibujar imágenes y escribir palabras que atraigan clientes. Presenta tu aviso a la clase.